Daniela Kuck

Lehren und Lernen

GRIN Verlag

Bibliografische Information der Deutschen Nationalbibliothek:

Die Deutsche Bibliothek verzeichnet diese Publikation in der Deutschen National-
bibliografie; detaillierte bibliografische Daten sind im Internet über http://dnb.d-
nb.de/ abrufbar.

Impressum:

Copyright © 2011 GRIN Verlag GmbH
Druck und Bindung: Books on Demand GmbH, Norderstedt Germany
ISBN: 978-3-656-62164-5

Dieses Buch bei GRIN:

http://www.grin.com/de/e-book/270667/lehren-und-lernen

GRIN - Your knowledge has value

Der GRIN Verlag publiziert seit 1998 wissenschaftliche Arbeiten von Studenten, Hochschullehrern und anderen Akademikern als eBook und gedrucktes Buch. Die Verlagswebsite www.grin.com ist die ideale Plattform zur Veröffentlichung von Hausarbeiten, Abschlussarbeiten, wissenschaftlichen Aufsätzen, Dissertationen und Fachbüchern.

Besuchen Sie uns im Internet:

http://www.grin.com/

http://www.facebook.com/grincom

http://www.twitter.com/grin_com

UNIVERSITÄT AUGSBURG
PHILOSOPHISCH-SOZIALWISSENSCHAFTLICHE FAKULTÄT
**Lehrstuhl für Pädagogik mit Berücksichtigung der Erwachsenenbildung und
außerschulischen Jugendbildung**

Sommersemester 2011

Seminar
Lehren und Lernen

Lehren und Lernen

Verfasser
Daniela Kuck

Abgabe
30. September 2011

Kuck, Daniela
B.A. Erziehungswissenschaft, 2. Semester

INHALTSVERZEICHNIS   **Seite**

1 Einleitung

Da naturwissenschaftliche Bildung im Kindergarten viele Erzieher und Erzieherinnen vor eine Herausforderung stellt, habe ich mir überlegt, dass man eine Fortbildung zu speziell diesem Thema anbieten könnte. Diese kann entweder direkt in den Institutionen (Kindergarten, Kinderkrippe) oder in entsprechenden Bildungszentren oder Weiterbildungseinrichtungen stattfinden.

Es gilt zu verhindern, dass die naturwissenschaftliche Bildung hinter der geisteswissenschaftlichen Bildung zurücktritt, denn Kinder wollen die Natur aktiv erkunden und sie verstehen. Dabei haben biologische Themenfelder im Elementarbereich schon immer ihren festen Platz. Flora und Fauna werden das ganze Jahr über beobachtet, es wird verfolgt, wie aus einer Zwiebel eine Tulpe wächst und aus einer Kaulquappe ein Frosch wird. Die unbelebte Natur wird dabei weitgehend vernachlässigt, obwohl sie mit der belebten Natur untrennbar zusammen gehört.

Durch die Fortbildung von Erziehern und Erzieherinnen zum Thema Naturwissenschaften im Kindergarten soll verhindert werden, dass die Biologie durch die bereits frühe Schwerpunktsetzung zum einzigen Sympathieträger wird. Auch Physik und Chemie sollen in den Fokus gerückt werden und der Grundstein für das Interesse an der gesamten Naturwissenschaft soll gelegt werden.

2 Entwicklung des Moderationsplans

2.1 Setting/Ausgangssituation

Die Veranstaltung "Naturwissenschaften im Kindergarten - Forschen mit Fred" findet an einem Donnerstag in einem beliebigen Weiterbildungszentrum für pädagogische Fachkräfte statt. Sie soll von 09.00 Uhr bis 15.30 Uhr dauern. Die 25 Teilnehmer mussten sich vorher schriftlich anmelden und die Kursgebühr entrichten. Sie kennen einander nicht. Für die Pausen stehen auf einem Tisch Kaffee, Tee, verschiedene Kaltgetränke und Gebäck zur freien Verfügung bereit. Es gibt nur einen Moderator, dieser ist der Kursleiter. Die Teilnehmenden sind zwischen 22 und 55 Jahre alt und arbeiten in verschiedenen pädagogischen Einrichtungen mit Kindern im Alter von 3 bis 6. Alle Teilnehmer sitzen im Stuhlkreis, um eine gute Atmosphäre zu schaffen und damit jeder die Experimente gut sehen kann.

2.2 Moderationsplan

Zeit	Ziel	Inhalt/Methode	Material
09.00 Uhr	- Eröffnung - gute u. warme Arbeits- atmosphäre schaffen	- Begrüßung - Kursleiter stellt sich vor - Ablauf wird dargestellt	- Ablaufplan auf einer Flipchart
09.20 Uhr	- Kennenlernen der Teil- nehmer untereinander	- jeder stellt sich mit der Methode "Schlüssel- bund" vor und teilt seine Erwartungen an die Fort- bildung mit - jeder stellt ein Namensschild auf	- jeder Teil- nehmer braucht seinen Schlüsselbund - Papier für Namensschilder
10.45 Uhr	- Beginn des Kurses - thematischer Einstieg	- Wichtigkeit von Natur- wissenschaften im Kindergarten heraus- stellen - Vorgehensweise des Programms "Forschen mit Fred" vorstellen	- Handbuch "Forschen mit Fred"
11.00 Uhr	-Pause - Vorfreude auf den wei- teren Ablauf steigern - Kommunikation er- möglichen	- Unterhaltungen in der "Kaffeeecke" sollen die Teilnehmer auflockern	- Kaffee, Tee, Kaltgetränke, Ge- bäck
11.30 Uhr	- Fred die Ameise stellt sich vor	- wo wohnt Fred und wie sieht er aus - wie bringe ich den Kin- dern Fred näher - wie kann Fred helfen, den Kindern Natur- wissenschaften zu ver- mitteln	- Einführungs- geschichte von Fred der Ameise
11.45 Uhr	- ein erstes einführendes Experi- ment wird vorgestellt	- "Freds Traum vom eigenen kleinen, stabilen Haus - Lösen von Fest- stoffen" - Geschichte, wie Fred davon träumt, sich sein eigenes Haus zu bauen wird vorgelesen - Erklärung, wie man den Kindern diese Geschichte am besten erzählt	- Handbuch "Forschen mit Fred"

12.00 Uhr	- Durchführung des Experiments	- Überprüfung der Löslichkeit von Zucker, Salz, Alufolie und Steinen - erst mit kaltem, dann mit warmen Wasser	- kaltes Wasser, warmes Wasser - 8 Gläser - Zuckerwürfel, Salz, Alufolie, Löffel, 2 Steine - dunkle Unterlage
12.15 Uhr	- Auswertung des Experiments	- Beobachtungen zusammenfassen - Erklären, warum sich Salz und Zucker auflösen - Erklären, warum sich Salz und Zucker im warmen Wasser schneller auflösen - Übertragung des Experiments auf Fred, die Ameise - aus welchem Material sollte sie ihr Haus bauen?	- Handbuch "Forschen mit Fred"
12.30 Uhr	- Vorstellung eines weiteren Experiments: "Eierschalen versperren den Weg!"	- Geschichte, wie Fred nach Hause gehen will, aber ihm Eierschalen den Weg versperren wird erzählt	- Handbuch "Forschen mit Fred"
12.40 Uhr	- Durchführung des Experiments	- Beobachten, was passiert, wenn die Eierschalen mit dem Essig in Berührung kommen	- kleine Menge Eierschalen - Essig - ein Glasschälchen
12.45 Uhr	- Auswertung des Experiments	- Beobachtungen zusammentragen - Erklären, warum sich die Eierschalen auflösen - Übertragung des Experiments auf Fred die Ameise - wie kann er die Eierschalen aus dem Weg schaffen?	- Handbuch "Forschen mit Fred"
13.00 Uhr	- Mittagspause in der Kantine des	- Stärkung der Teilnehmer - in Gesprächen beim	-

	Weiterbildungszentrums	Essen können die bisher besprochenen Inhalte reflektiert werden	
14.00 Uhr	- Reflexion u. Zu-sammenfassung der gesamten Fortbildung	- wichtige Punkte hervor-heben - positive und negative Rückmeldung der Teil-nehmer sammeln - herausfinden, ob die Er-wartungen der Teilnehmer erfüllt wurden	-
14.30 Uhr	- Projektion der Fortbil-dungsinhalte auf die Praxis	- Tipps und Hilfe-stellungen geben - Fragen beantworten	-
15.15 Uhr	- Abschluss	- jeder Teilnehmer erhält sein "Forschen mit Fred" Handbuch und eine Teilnahmebestätigung	- "Forschen mit Fred" Handbücher für jeden Teil-nehmer
15.30 Uhr	- Verabschiedung	- Verabschiedung - jeder Teilnehmer bekommt die Visitenkarte des Kursleiters für Fragen und Rückmeldungen	- Visitenkarten

3 Anwendung der Formel von Horst Siebert

Horst Siebert entwickelte die Formel "Wer lehrt was, mit welchem Schwierigkeitsgrad, wozu, wie, womit, für wen, wo, wann und mit welchem Erfolg" (Siebert 1999, S. 706), um das Lernen besser planen zu können. Was bedeutet diese Formel für das konkrete Beispiel der Fortbildung für Erzieher und Erzieherinnen mit dem Thema Naturwissenschaften im Kindergarten?

Wer...

Die lehrende Person ist in meinem konkreten Beispiel der Dozent/die Dozentin der Fortbildung. Dies kann ein Erzieher oder eine Erzieherin, ein Erziehungs-wissenschaftler, jemand aus der Naturwissenschaft, ein Diplom-Pädagoge oder ähnliches sein. Praktische Erfahrung in der naturwissenschaftlichen Bildung im Kindergartenalltag ist dabei von Vorteil, um die Inhalte praxisnah und umsetzbar vermitteln zu können.

...lehrt was

Es wird gelehrt, wie man naturwissenschaftliche Inhalte Kindern im Kindergartenalter spielerisch näher bringen kann. Dies geschieht durch Experimente, die auch praktisch vorgestellt werden und dadurch den Lernenden besser im Gedächtnis bleiben. Die Fortbildungsteilnehmer können die Experimente aktiv mitgestalten und auch Fragen stellen, um Probleme gleich an Ort und Stelle klären zu können.

...mit welchem Schwierigkeitsgrad

Der Schwierigkeit im konkreten Beispiel ist für die Lehrenden und Lernenden eher gering. Da die Inhalte auch für Kindergartenkinder verständlich sein sollen, dürfen sie nicht zu komplex und ausführlich sein. Schwieriger ist eher die naturwissenschaftlichen Inhalte einfach und für die Kinder verständlich darzustellen und im Kindergartenalltag gut integrieren zu können.

...wozu

Die Teilnehmer sollen lernen, dass es wichtig ist, den Kindern schon früh naturwissenschaftliche Inhalte nahe zu bringen. Es soll erklärt werden, dass dies auf spielerischem Weg nicht mehr komplex sein muss und leicht verständlich ist. Durch das Kennenlernen der Ameise Fred finden Erzieher und Kinder leichter einen Zugang zum Thema und das Ganze wird veranschaulicht.

...wie

Der Fortbildungsleiter versucht den Teilnehmern durch die anschaulichen Experimente und den Bezug zur Ameise Fred, die Inhalte zu vermitteln und anschaulich darzustellen. Durch das Kennenlernspiel am Anfang entsteht eine persönliche Beziehung zu jedem einzelnen Teilnehmer. Dadurch kann der Fortbildungsleiter innerhalb des Ablaufplans gut auf die Bedürfnisse und Wünsche der Teilnehmer eingehen. Auch durch das mehrmalige Vorstellen des Handbuches wird der Inhalt veranschaulicht. Durch das Darstellen des Ablaufplanes auf der Flipchart, die während der ganzen Fortbildung sichtbar bleibt, weiß der Teilnehmer immer, zu welchem Gliederungspunkt gesprochen wird und fühlt sich "aufgehoben".

...womit

Hilfsmittel bei dieser Fortbildung sind am Anfang der Schlüsselbund jedes Teil-
nehmers, eine Flipchart, das Handbuch "Forschen mit Fred" und die einzelnen Ma-
terialien, um die Experimente durchzuführen.

...für wen

In meinem konkreten Beispiel sind die lernenden Personen die Erzieher und
Erzieherinnen, die an der Fortbildung teilnehmen. Sie haben sich entweder selbst-
ständig zu dieser Fortbildung angemeldet oder wurden von ihrer Einrichtung zu
dieser Fortbildung geschickt.

...wo

Die Fortbildung findet in einem Weiterbildungszentrum für pädagogische Fachkräfte,
in einem der dort vorhandenen Seminarräume statt. Es sind ausreichend Tische und
Stühle vorhanden. Eine Kaffe-Ecke ist bereits eingerichtet und auch eine Kantine gibt
es.

...wann

Die Fortbildung findet an einem gewöhnlichen Donnerstag von 09.00 Uhr bis 15.30
Uhr statt.

...mit welchem Erfolg?

Am Ende der Fortbildung haben die Teilnehmer hoffentlich des Sinn erkannt,
naturwissenschaftliche Angebote schon im Kindergarten einzubinden und auch
gelernt, sie praktisch umzusetzen. Ob dies im Kindergartenalltag gelingt, wird sich
mit der Zeit zeigen. Da aber jeder Teilnehmer am Ende der Fortbildung die
Visitenkarte mit den Kontaktdaten des Fortbildungsleiter bekommt, können
Rückfragen und Probleme schnell per Mail oder Telefon geklärt werden.

4 Schlusswort

Zusammenfassend lässt sich also sagen, dass die Formel von Horst Siebert gut als Anhaltspunkt bei der Vorbereitung einer Fortbildung dienen kann. Sie gibt den Rahmen vor und hilft, die wichtigsten Dinge auf den Punkt zu bringen. Auch die Entwicklung eines Moderationsplans ist sehr hilfreich, um einen genauen Ablaufplan zu haben, an dem man sich orientieren kann. Die wirkt sich positiv auf den Fortbildungsleiter und auch auf die Teilnehmer aus.

5 Literaturverzeichnis

Lück, Gisela (2007): Forschen mit Fred - Naturwissenschaften im Kindergarten. Oberursel: Finken Verlag.

Siebert, Horst (1999): Seminarplanung und -organisation. In: Tippelt, Rudolf (Hg.): Handbuch Erwachsenenbildung/Weiterbildung. 2. überarbeitete und aktualisierte Auflage. Opladen: Leske & Budrich.